Impressum
Verlag: BABADADA GmbH, Nedderfeld 112 , 22529 Hamburg
Geschäftsführer / Verlagsleitung: Harald Hof
Druck: Books on Demand GmbH, In de Tarpen 42, 22848 Norderstedt

Imprint
Publisher: BABADADA GmbH, Nedderfeld 112 , 22529 Hamburg, Germany
Managing Director / Publishing direction: Harald Hof
Print: Books on Demand GmbH, In de Tarpen 42, 22848 Norderstedt, Germany

# 学校

# iskola

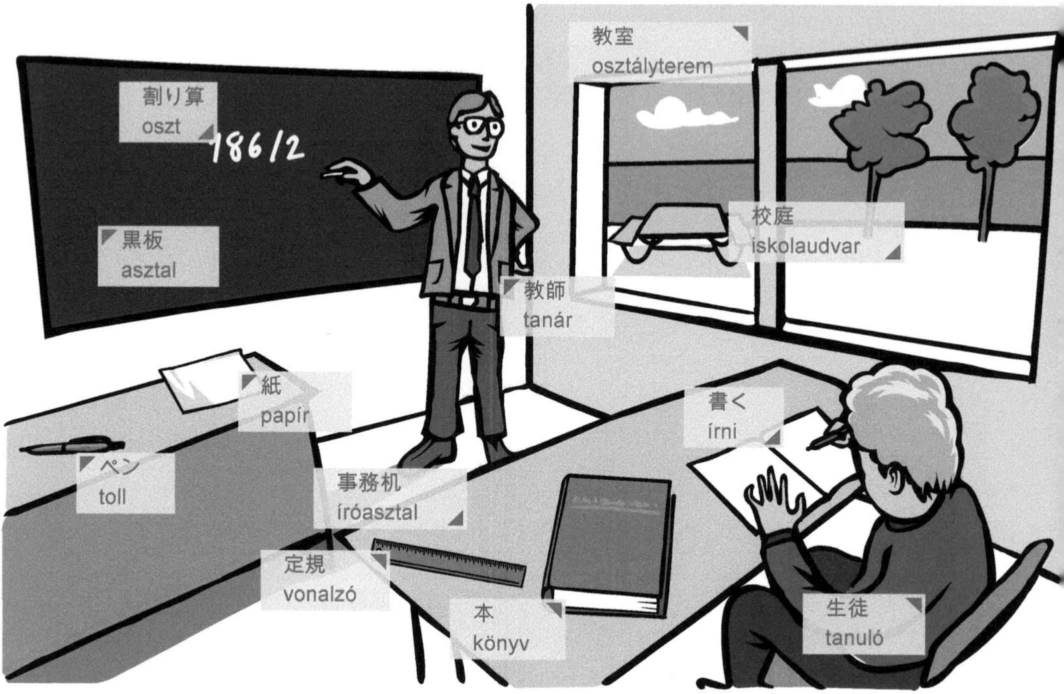

教室
osztályterem
割り算
oszt
186/2
黒板
asztal
教師
tanár
校庭
iskolaudvar
紙
papír
書く
írni
ペン
toll
事務机
íróasztal
定規
vonalzó
本
könyv
生徒
tanuló


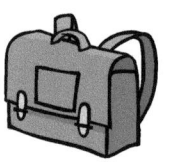

ランドセル

iskolatáska

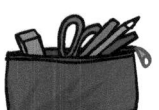

筆入れ

tolltartó

鉛筆

ceruza

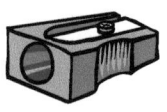

鉛筆削り

ceruzahegyező

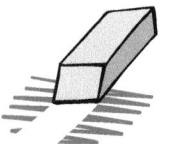

消しゴム

radír

スケッチブック

rajzfüzet

スケッチ

rajz

絵筆

ecset

絵の具箱

festőkészlet

はさみ

olló

接着剤

ragasztó

練習帳

munkafüzet

宿題

házi feladat

**12**

数

szám

**2+2**

足し算

összead

**5-2**

引き算

kivon

**2×2**

かけ算

szoroz

計算する

számol

**A**

文字

betű

**ABCDEFG HIJKLMN OPQRSTU VWXYZ**

アルファベット

ABC

単語

szó

テキスト

szöveg

読む

olvasni

チョーク

kréta

授業

tanóra

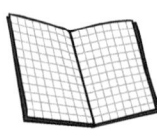

学級日誌

napló

試験

vizsga

通知表

bizonyítvány

制服

iskolai egyenruha

教育

oktatás

百科事典

enciklopédia

大学

egyetem

顕微鏡

mikroszkóp

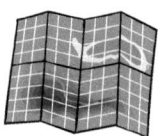

地図

térkép

ごみ箱

papír-hulladék gyűjtő

# 旅行
## utazás

ホテル
hotel
Grand
ホステル
szállás
ROOMS
両替所
valutaváltó iroda
スーツケース
bőrönd
自動車
autó

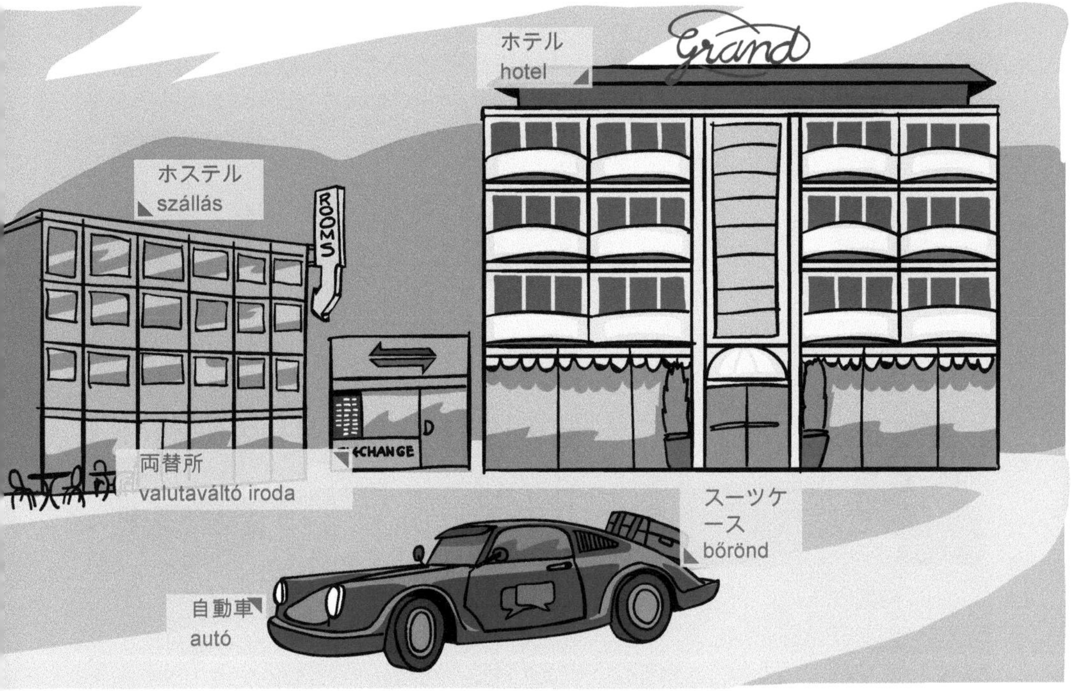

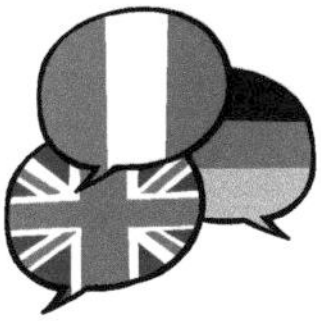

言語

nyelv

はい / いいえ

igen/nem

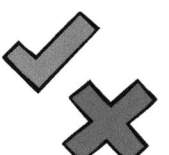

問題ない

rendben

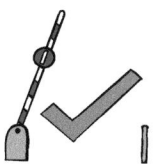

ハロー

szia

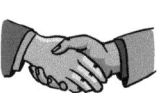

翻訳者

fordító

ありがとう

köszönöm

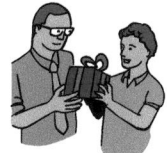

…はいくらですか？

mennyibe kerül…?

わかりません

nem értem

問題

probléma

こんばんは！

Jó estét!

おはようございます！

jó reggelt!

おやすみなさい！

jó éjszakát!

さようなら

viszontlátásra

方向

útirány

手荷物

poggyász

バッグ

táska

リュックサック

hátizsák

お客様

vendég

部屋

szoba

寝袋

hálózsák

テント

sátor

旅行者情報

turista információ

ビーチ

strand

クレジットカード

hitelkártya

朝食

reggeli

昼食

ebéd

夕食

vacsora

チケット

jegy

エレベーター

lift

スタンプ

bélyeg

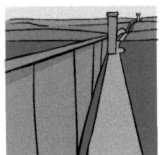

境界

határ

税関

vám

大使館

nagykövetség

ビザ

vízum

パスポート

útlevél

# 輸送
# közlekedés

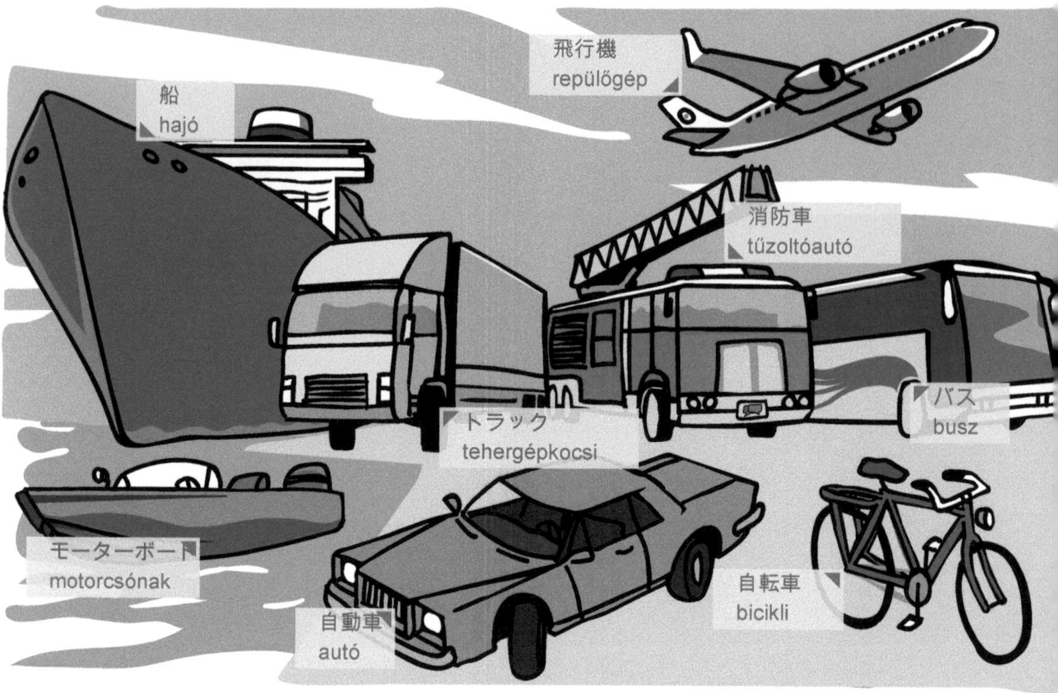

飛行機
repülőgép
船
hajó
消防車
tűzoltóautó
トラック
tehergépkocsi
バス
busz
モーターボート
motorcsónak
自転車
bicikli
自動車
autó


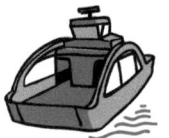

フェリー

komp

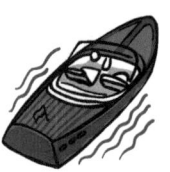

ボート

csónak

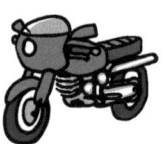

バイク

motorkerékpár

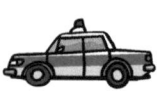

パトカー

rendőrautó

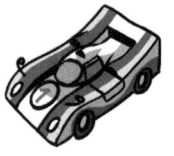

レーシングカー

versenyautó

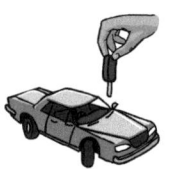

レンタカー

bérautó

カーシェアリング

telekocsi

レッカー車

vontató

ごみ収集車

szemetes autó

モーター

motor

燃料

üzemanyag

ガソリンスタンド

benzinkút

交通標識

közlekedési tábla

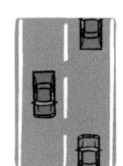

交通

forgalom

渋滞

forgalmi dugó

駐車場

parkoló

駅

vonatállomás

道

sínek

列車

vonat

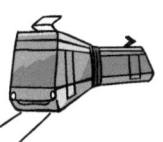

路面電車

villamos

車両

vagon

ヘリコプター

helikopter

空港

repülőtér

タワー

torony

乗客

utas

コンテナ

konténer

段ボール箱

kartondoboz

カート

taliga

カゴ

kosár

離陸 / 着陸

felszáll / leszáll

## 都市

## város

村

falu

都心

városközpont

家

ház

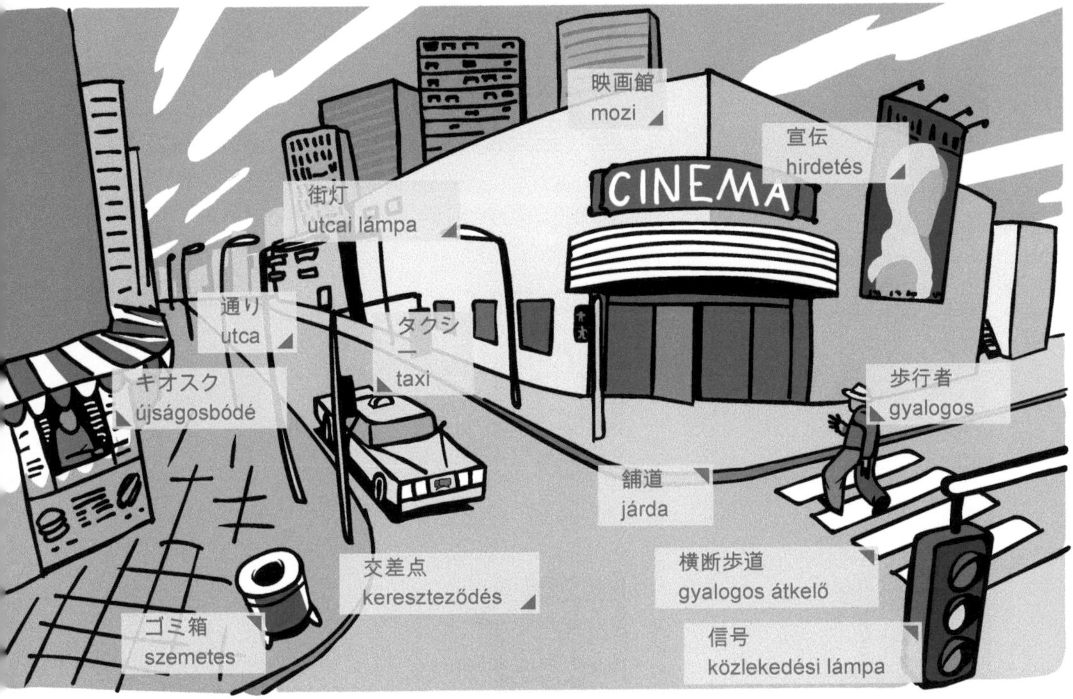

映画館
mozi
宣伝
hirdetés
CINEMA
街灯
utcai lámpa
通り
utca
タクシー
taxi
キオスク
újságosbódé
歩行者
gyalogos
舗道
járda
交差点
kereszteződés
横断歩道
gyalogos átkelő
ゴミ箱
szemetes
信号
közlekedési lámpa

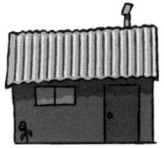

小屋
kunyhó

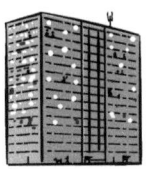

アパート
lakás

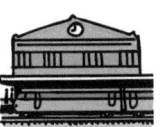

駅
vonatállomás

市役所
városháza

MUSEUM
美術館
múzeum

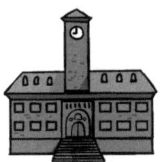

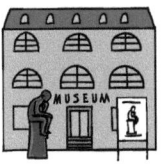

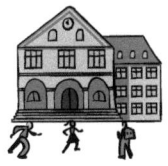

学校
iskola

大学

egyetem

銀行

bank

病院

kórház

ホテル

hotel

薬局

gyógyszertár

オフィス

iroda

書店

könyvesbolt

ショップ

üzlet

花屋

virágüzlet

スーパーマーケット

szupermarket

市場

piac

デパート

áruház

魚屋

halárus

ショッピングセンター

bevásárló központ

港

kikötő

公園

park

ベンチ

pad

橋

híd

階段

lépcső

地下鉄

metró

トンネル

alagút

バス停

buszmegálló

バー

bár

レストラン

étterem

ポスト

postaláda

道路標識

utcatábla

パーキングメーター

parkoló óra

動物園

állatkert

スイミングプール

uszoda

モスク

mecset

農場

gazdálkodás

汚染

környezetszennyezés

基地

temető

教会

templom

遊び場

játszótér

寺

szentély

## 風景

## táj

葉
levél

道標
útjelző tábla

道
út

草地
rét

石
kő

ハイカー
túrázó

木
fa

川
folyó

草
fű

花
virág

谷
völgy

山
domb

湖
tó

森
erdő

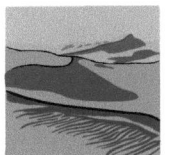

砂漠
sivatag

火山
vulkán

城
kastély

虹
szivárvány

キノコ
gomba

ヤシの木
pálmafa

蚊
szúnyog

ハエ
légy

蟻
hangya

ミツバチ
méhecske

クモ
pók

カブトムシ
bogár

蛙
béka

リス
mókus

ハリネズミ
sündisznó

ウサギ
nyúl

フクロウ
bagoly

鳥
madár

白鳥
hattyú

雄豚
vaddisznó

鹿
szarvas

ヘラジカ
rénszarvas

ダム
gát

風力タービン
szélturbina

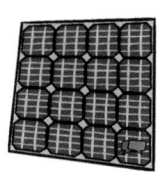

ソーラーパネル
napelem

気候
éghajlat

# レストラン
## étterem

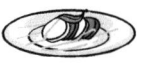

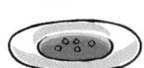

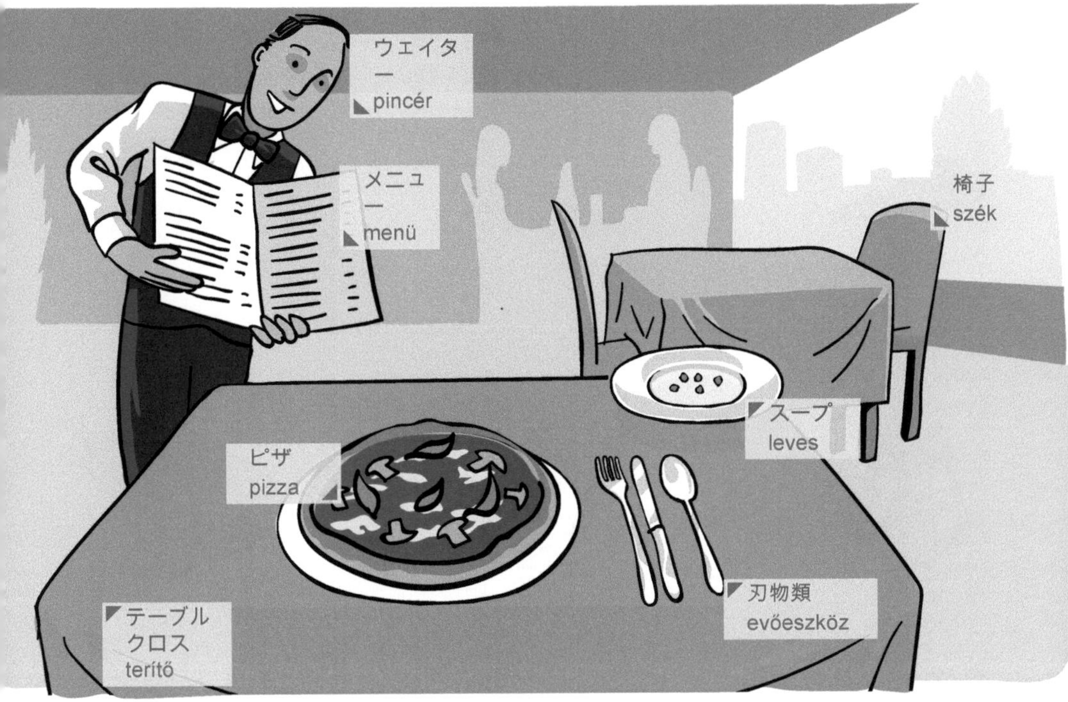

ウェイター
pincér
メニュー
menü
椅子
szék
スープ
leves
ピザ
pizza
刃物類
evőeszköz
テーブルクロス
terítő


前菜
elõétel

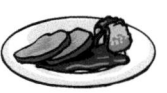

メインコース
főétel

デザート
desszert

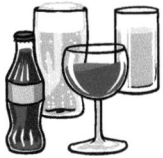

飲み物
italok

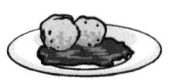

食べ物
étel

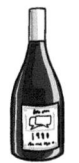

ボトル
üveg

ファストフード

gyorsétel

屋台の食べ物

gyorsétel

ティーポット

teás kanna

砂糖入れ

cukortartó

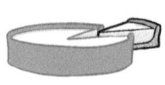

一人前

adag

エスプレッソマシン

eszpresszógép

幼児用食事椅子

bárszék

請求書

számla

トレー

tálca

ナイフ

kés

フォーク

villa

スプーン

kanál

ティースプーン

teáskanál

ナプキン

szalvéta

グラス

pohár

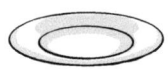

皿

tányér

スープ皿

leveses tányér

受け皿

csészealj

ソース

szósz

塩入れ

sószóró

ペッパーミル

borsőrlő

酢

ecet

油

étkezési olaj

スパイス

fűszerek

ケチャップ

ketchup

マスタード

mustár

マヨネーズ

majonéz

レストラン - étterem

# スーパーマーケット
## szupermarket

特価品
különleges ajánlat
顧客
ügyfél
FOR
乳製品
tejtermék
果物
gyümölcsök
ショッピング・カート
bevásárló kocsi


BUTCHERS


肉屋

hentes

BAKERY


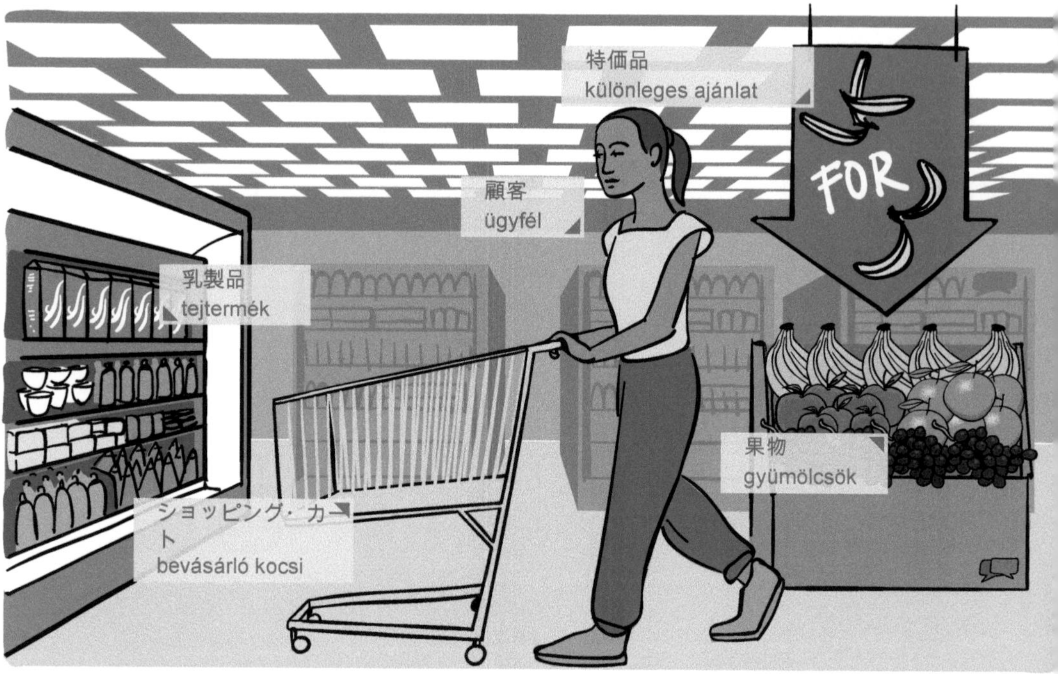

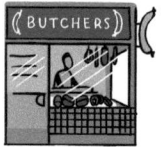

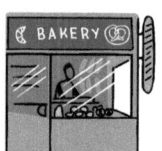

パン屋

pékség

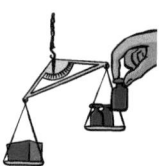

重さをはかる

nyom valamennyit

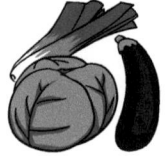

野菜

zöldség

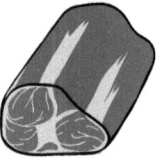

肉

hús

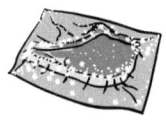

冷凍食品

fagyasztott áru

冷肉の薄切り
felvágott

缶詰食品
konzerv

洗剤
mosópor

菓子
édességek

家庭用品
háztartási termék

清掃用品
tisztítószerek

販売員
eladó

現金箱
pénztárgép

レジ係
eladó

買い物リスト
bevásárló lista

開館時刻
nyitva tartás

財布
levéltárca

クレジットカード
hitelkártya

バッグ
zacskó

ポリ袋
műanyag zacskó

水

víz

ジュース

gyümölcslé

牛乳

tej

コーラ

kóla

ワイン

bor

ビール

sör

アルコール

alkohol

ココア

kakaó

紅茶

tea

コーヒー

kávé

エスプレッソ

eszpresszó

カプチーノ

kapucsínó

バナナ

banán

リンゴ

alma

オレンジ

narancs

メロン

sárgadinnye

レモン

citrom

ニンジン

sárgarépa

ニンニク

fokhagyma

竹

bambusz

玉ねぎ

hagyma

キノコ

gomba

ナッツ

magvak

ヌードル

nokedli

スパゲッティ

spagetti

米

rizs

サラダ

saláta

フライドポテト

sült krumpli

フライドポテト

sült burgonya

ピザ

pizza

ハンバーガー

hamburger

サンドウィッチ

szendvics

カツレツ

hússzelet

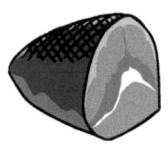

ハム

sonka

サラミ

szalámi

ソーセージ

kolbász

鶏肉

csirke

焼き

pecsenye

魚

hal

麦のお粥

zabkása

ムーズリ

müzli

コーンフレーク

kukoricapehely

小麦粉

liszt

クロワッサン

croissant

ロールパン

zsemle

パン

kenyér

トースト

pirítós kenyér

ビスケット

keksz

バター

vaj

カッテージチーズ

túró

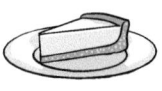

ケーキ

sütemény

卵

tojás

目玉焼き

tükörtojás

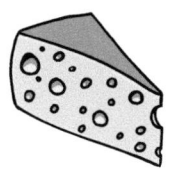

チーズ

sajt

アイスクリーム

jégkrém

砂糖

cukor

はちみつ

méz

ジャム

lekvár

ヌガークリーム

mogyorókrém

カレー

curry

# gazdálkodás

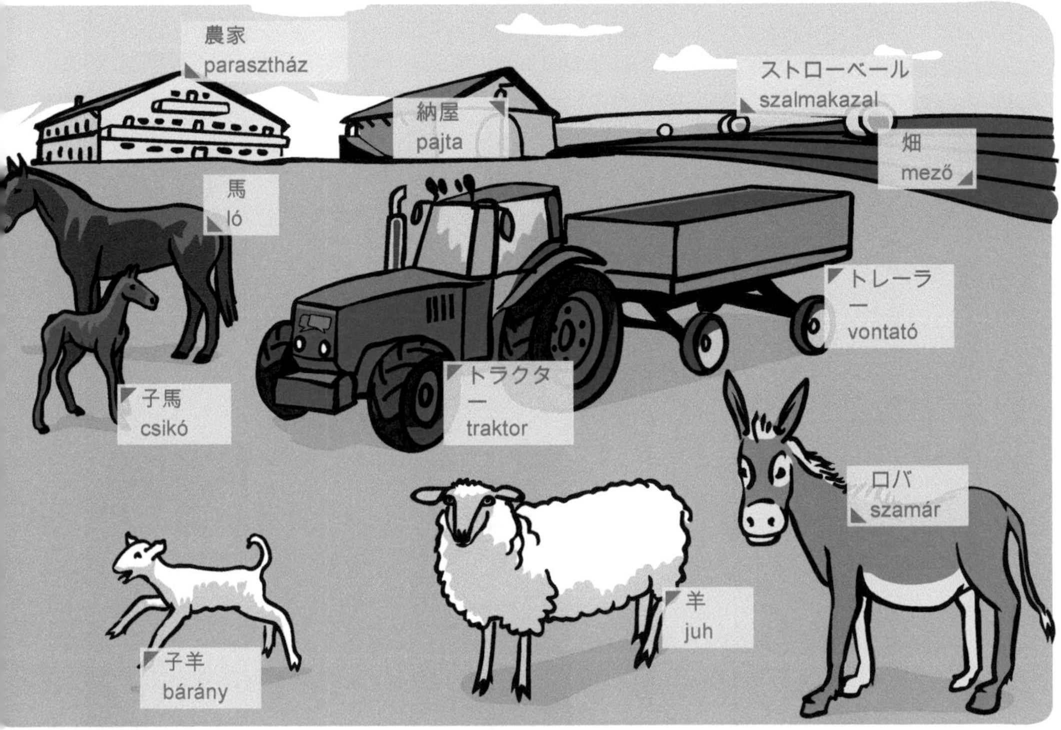
農家
parasztház
納屋
pajta
ストローベール
szalmakazal
畑
mező
馬
ló
トレーラー
vontató
子馬
csikó
トラクター
traktor
ロバ
szamár
羊
juh
子羊
bárány

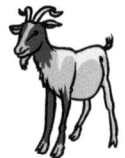

ヤギ

kecske

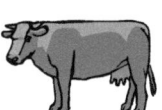

雌牛

tehén

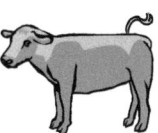

子牛

borjú

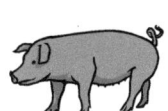

豚

malac

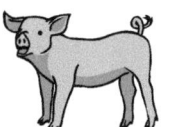

子豚

kismalac

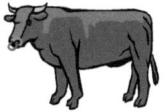

雄牛

bika

ガチョウ

liba

アヒル

kacsa

ひよこ

csibe

にわとり

tojó

おんどり

kakas

ネズミ

patkány

猫

macska

ねずみ

egér

雄牛

ökör

犬

kutya

犬小屋

kutyaház

散水ホース

kerti öntözőcső

じょうろ

öntözőkanna

大鎌

kasza

すき

eke

草刈り鎌

sarló

くわ

kapa

堆肥用フォーク

vasvilla

斧

fejsze

手押し車

talicska

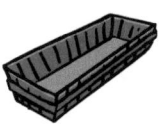

かいばおけ

teknő

牛乳缶

tejes kancsó

袋

zsák

フェンス

kerítés

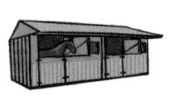

畜舎

istálló

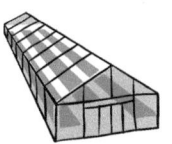

温室

üvegház

土壌

talaj

種

vetőmag

肥料

trágya

コンバイン

cséplőgép

収穫する

szüretelni

収穫

betakarítás

ヤマイモ

yamgyökér

小麦

búza

大豆

szója

じゃがいも

burgonya

トウモロコシ

kukorica

菜種

repcemag

果樹

gyümölcsfa

キャッサバ

manióka

穀物

gabona

煙突
kémény

屋根
tetö

排水管
eresz

窓
ablak

車庫
garázs

呼び鈴
ajtócsengő

ドア
ajtó

ゴミ箱
szemetes

郵便受け
postaláda

庭
kert

リビングルーム

nappali

浴室

fürdőszoba

台所

konyha

寝室

hálószoba

子供部屋

gyerekszoba

ダイニング・ルーム

ebédlő

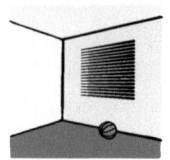

床
padló

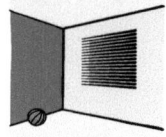

壁
fal

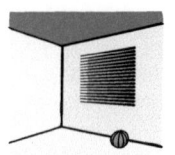

天井
plafon

地下貯蔵庫
pince

サウナ
szauna

バルコニー
erkély

テラス
terasz

プール
medence

芝刈り機
fűnyíró

シーツ
lepedő

ベッドカバー
ágytakaró

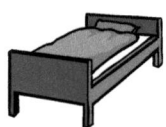

ベッド
ágy

ほうき
seprű

バケツ
vödör

スイッチ
kapcsoló

# リビングルーム
## nappali

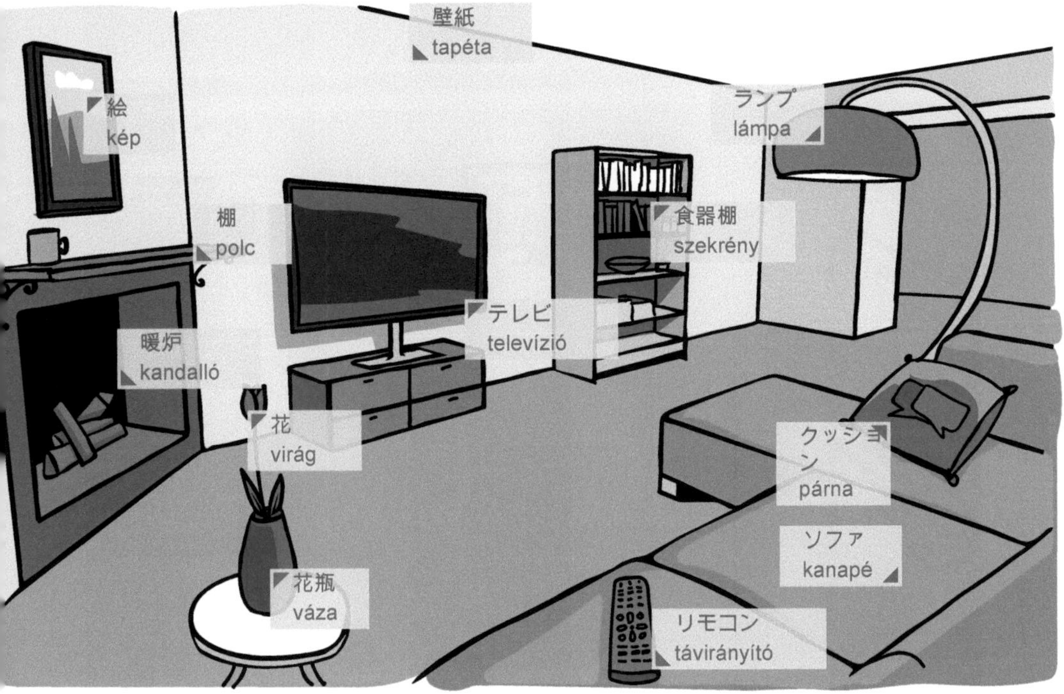

壁紙
tapéta
絵
kép
ランプ
lámpa
棚
polc
食器棚
szekrény
テレビ
televízió
暖炉
kandalló
花
virág
クッション
párna
ソファ
kanapé
花瓶
váza
リモコン
távirányító


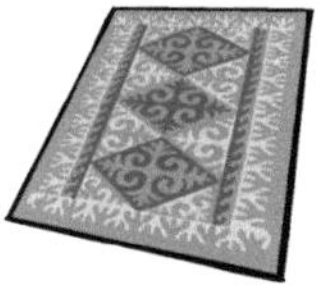

カーペット

szőnyeg

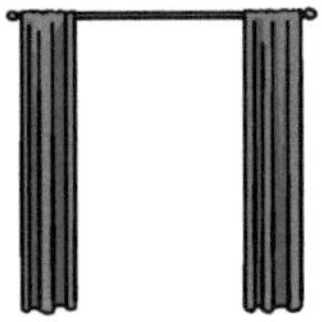

カーテン

függöny

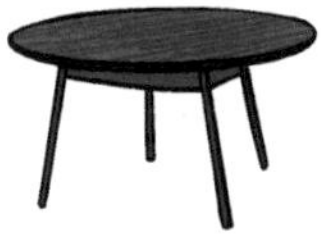

テーブル

asztal

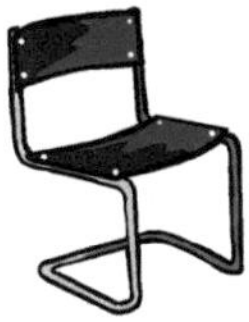

椅子

szék

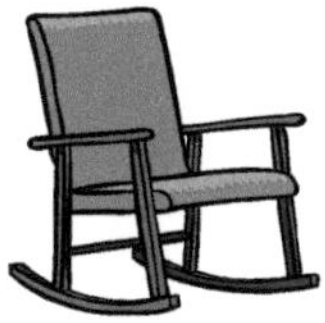

ロッキングチェア

hintaszék

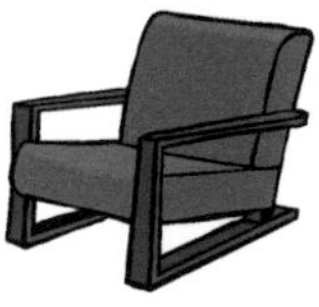

ひじ掛け椅子

karosszék

本
könyv

毛布
takaró

飾り
dekoráció

たきぎ
tűzifa

映画
film

ステレオ
hifi

鍵
kulcs

新聞
újság

絵画
festmény

ポスター
poszter

ラジオ
rádió

メモ帳
jegyzetfüzet

掃除機
porszívó

サボテン
kaktusz

ろうそく
gyertya

# 台所

## konyha

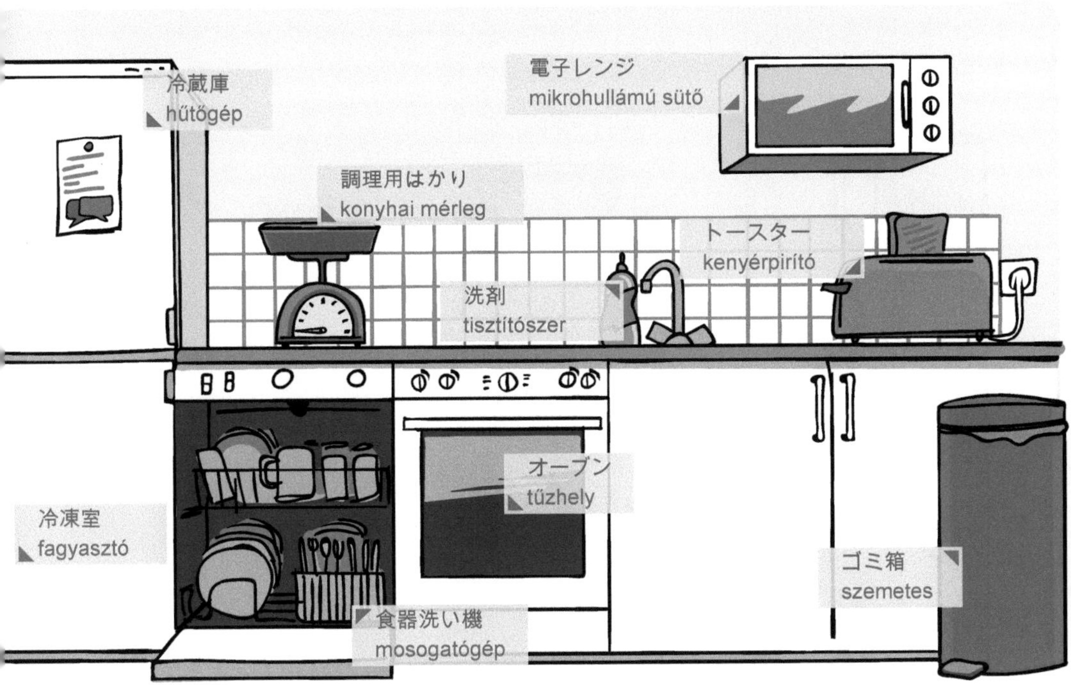

冷蔵庫
hűtőgép
電子レンジ
mikrohullámú sütő
調理用はかり
konyhai mérleg
トースター
kenyérpirító
洗剤
tisztítószer
オーブン
tűzhely
冷凍室
fagyasztó
ゴミ箱
szemetes
食器洗い機
mosogatógép


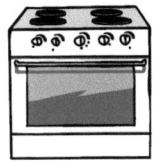

こんろ

tűzhely

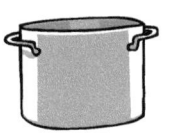

鍋

edény

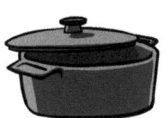

鉄鍋

vasfazék

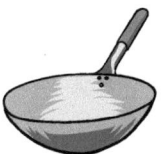

中華鍋/ カダイ鍋

wok / kadai

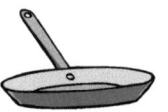

フライパン

serpenyő

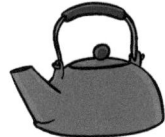

やかん

vízforraló

蒸し器

pároló

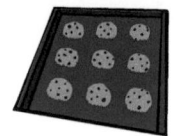

天板

tepsi

食器

étkészlet

マグカップ

bögre

ボウル

tálka

箸

evőpálcika

おたま

merőkanál

へら

keverőlapátka

泡立て器

habverő

こし器

szűrő

ふるい

szita

すりおろし器

reszelő

すり鉢

mozsár

バーベキュー

grillsütő

かまど

kandalló

まな板

vágódeszka

麺棒

sodrófa

栓抜き

dugóhúzó

缶

doboz

缶切り

konzervnyitó

鍋つかみ

edényfogó

流し

mosogató

ブラシ

kefe

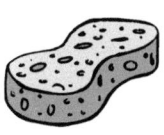

スポンジ

szivacs

ミキサー

turmixgép

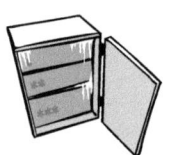

冷凍庫

mélyhűtő

哺乳瓶

cumisüveg

蛇口

csap

台所 - konyha

# 浴室
# fürdőszoba

ヒーター
fűtés
シャワー
zuhany
タオル
törölköző
シャワーカーテン
zuhanyfüggöny
泡風呂
habfürdő
浴槽
kád
グラス
pohár
洗濯機
mosógép
蛇口
csap
タイル
csempe
おまる
bili
流し
mosogató


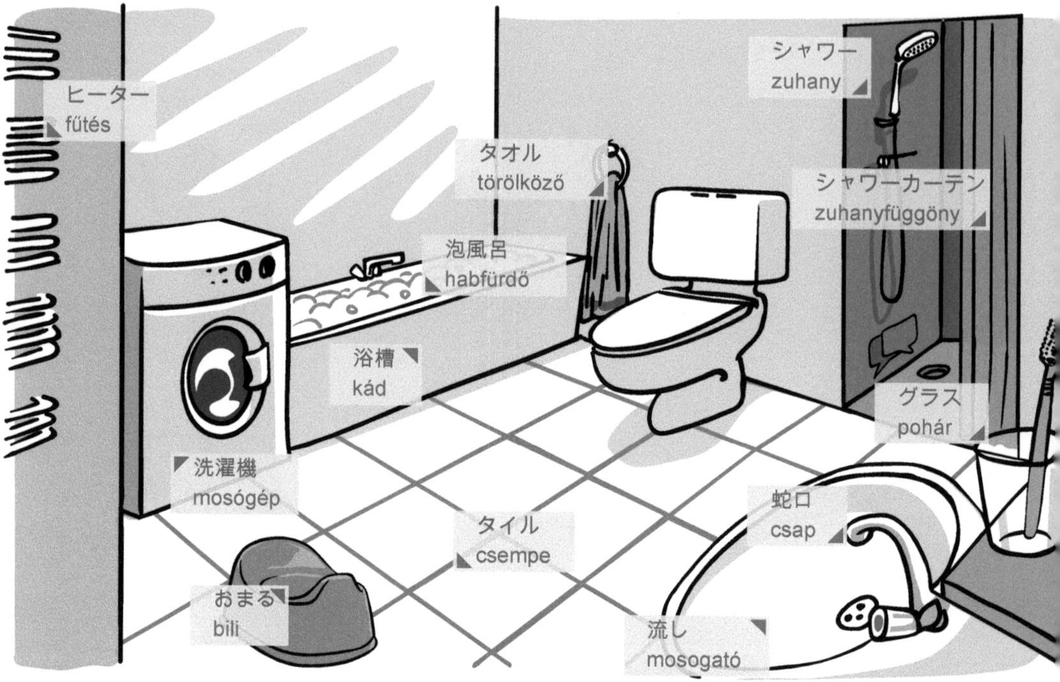

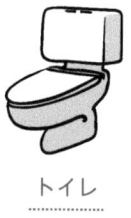

トイレ

toalett

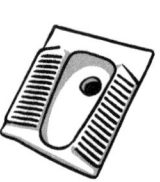

和式トイレ

guggolós toalett

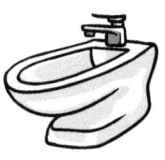

ビデ

bidé

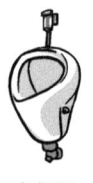

小便器

piszoár

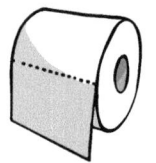

トイレットペーパー

toalett papír

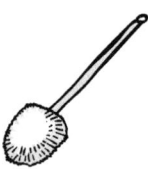

トイレブラシ

wc kefe

歯ブラシ
fogkefe

歯みがき
fogkrém

デンタルフロス
fogselyem

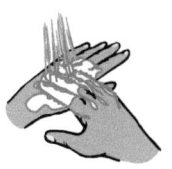

洗う
mosni

シャワーヘッド
kézi zuhany

ハンドビデ
intimzuhany

洗面台
mosdótál

ボディブラシ
hátmosó kefe

石鹸
szappan

シャワー用ジェル
tusfürdő

シャンプー
sampon

浴用タオル
mosdókesztyű

排水口
lefolyó

クリーム
krém

消臭
dezodor

浴室 - fürdőszoba

鏡
tükör

手鏡
kézitükör

かみそり
borotva

シェービング・フォーム
borotvahab

アフターシェーブローショ
ン
borotválkozás utáni
arcszesz

櫛
fésű

ブラシ
hajkefe

ドライヤー
hajszárító

ヘアスプレー
hajlakk

化粧
smink

口紅
ajakrúzs

マニキュア
körömlakk

脱脂綿
vatta

爪切り
körömvágó olló

香水
parfüm

洗面用具入れ

neszesszer

スツール

sámli

体重計

mérleg

バスローブ

köntös

ゴム手袋

gumikesztyű

タンポン

tampon

生理用ナプキン

egészségügyi betét

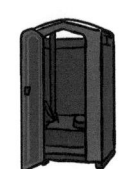

ケミカルトイレ

vegyi WC

# 子供部屋

# gyerekszoba

目覚まし時計
ébresztő óra
ぬいぐるみ
plüssállat
おもちゃの自動車
játékautó
がらがら
csörgő
ドール・ハウス
babaház
プレゼント
ajándék


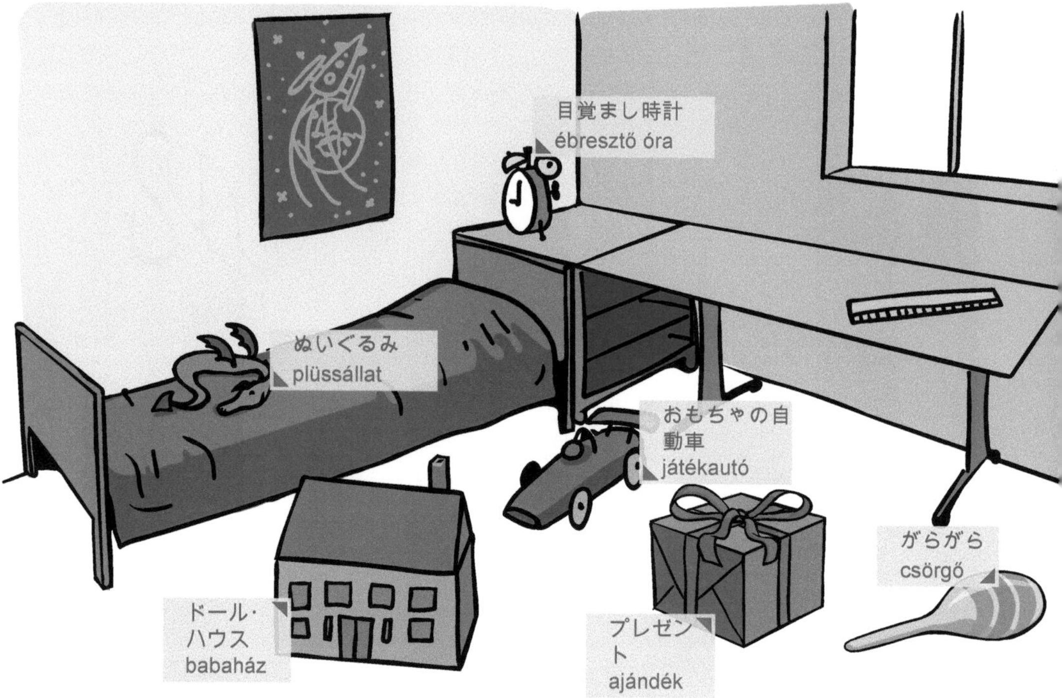

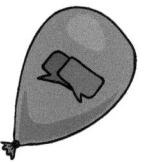

風船

lufi

ベッド

ágy

ベビーカー

babakocsi

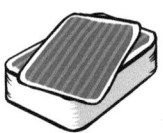

カードゲーム

kártyapakli

ジグソーパズル

kirakós játék

SUPER
MEGA


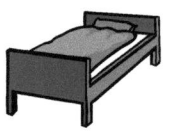

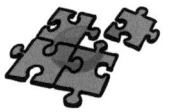

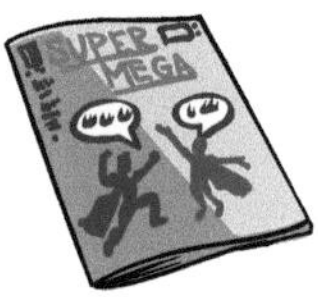

漫画

képregény

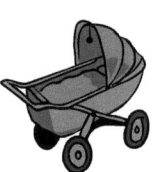

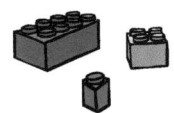

レゴ

építőkockák

玩具ブロック

építőelem

アクションフィギュア

szuperhős

ロンパース

rugdalózó

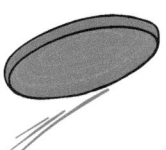

フリスビー

frizbi

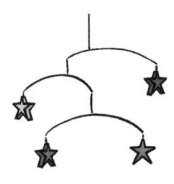

モバイル

zenélő forgó

ボードゲーム

társasjáték

さいころ

kocka

鉄道模型

modellvasút

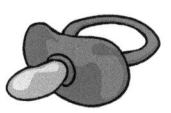

おしゃぶり

cumi

パーティー

zsúr

絵本

képeskönyv

ボール

labda

人形

baba

遊ぶ

játszani

砂場

homokozó

ブランコ

hinta

おもちゃ

játékok

ゲーム機

videójáték konzol

三輪車

tricikli

テディベア

teddi maci

衣装ダンス

ruhásszekrény

# 衣服

## ruházat

靴下

zokni

ストッキング

harisnya

タイツ

harisnyanadrág

スカーフ
sál

雨傘
esernyő

ベルト
öv

Tシャツ
póló

スニーカー
tornacipő

ブーツ
csizma

スリッパ
papucs

サンダル
szandál

靴
cipő

ゴム長靴
gumicsizma

パンツ
alsónadrág

ブラ
melltartó

ベスト
mellény

衣服 - ruházat

ボディースーツ

body

ズボン

nadrág

ジーンズ

farmer

スカート

szoknya

ブラウス

blúz

シャツ

ing

セーター

pulóver

パーカー

kapucnis pulóver

ブレザー

blézer

ジャケット

dzseki

コート

kabát

レインコート

esőkabát

服装

kosztüm

ドレス

ruha

ウェディングドレス

esküvői ruha

スーツ

öltöny

ナイトガウン

hálóing

パジャマ

pizsama

サリー

szári

ヘッドスカーフ

fejkendő

ターバン

turbán

ブルカ

burka

カフタン

kaftán

アバヤ

abaya

水着

fürdőruha

トランクス

fürdőnadrág

半ズボン

rövidnadrág

スウェットスーツ

tréningruha

エプロン

kötény

手袋

kesztyű

衣服 - ruházat

ボタン

gomb

メガネ

szemüveg

ブレスレット

karkötő

ネックレス

nyaklánc

指輪

gyűrű

イヤリング

fülbevaló

帽子

sapka

ハンガー

vállfa

帽子

kalap

ネクタイ

nyakkendő

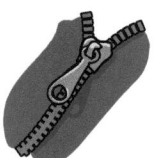

ファスナー

cipzár

ヘルメット

bukósisak

サスペンダー

nadrágtartó

制服

iskolai egyenruha

ユニフォーム

egyenruha

よだれかけ

előke

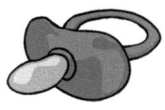

おしゃぶり

cumi

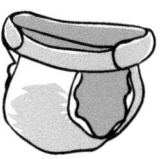

おむつ

pelenka

## オフィス

## iroda

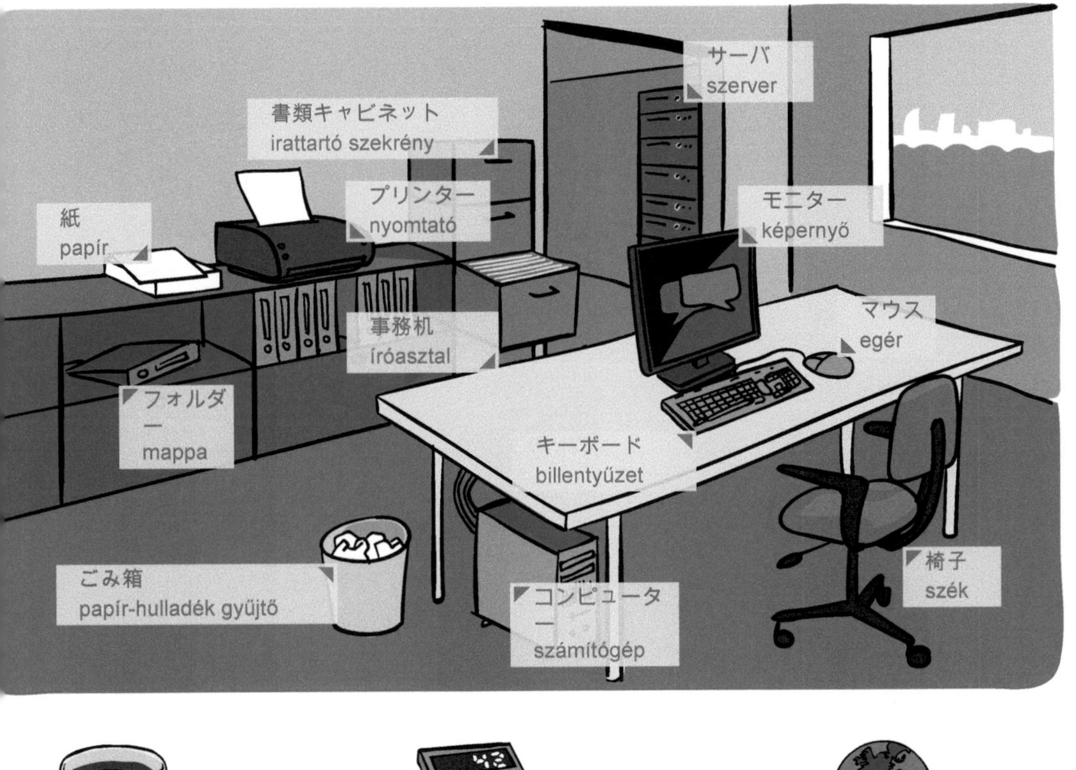

書類キャビネット
irattartó szekrény

サーバ
szerver

プリンター
nyomtató

モニター
képernyő

紙
papír

マウス
egér

事務机
íróasztal

フォルダー
mappa

キーボード
billentyűzet

ごみ箱
papír-hulladék gyűjtő

コンピューター
számítógép

椅子
szék

コーヒーマグ

kávéscsésze

計算機

számológép

インターネット

internet

ラップトップ

laptop

手紙

levél

メッセージ

üzenet

携帯電話

mobiltelefon

ネットワーク

hálózat

コピー機

fénymásoló

ソフトウェア

szoftver

電話

telefon

コンセント

konnektor

ファックス

faxgép

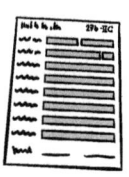

フォーム

formanyomtatvány

書類

dokumentum

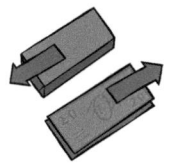

買う

venni

支払う

fizetni

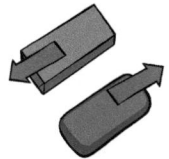

取引する

kereskedni

お金

pénz

ドル

dollár

ユーロ

euró

円

jen

ルーブル

rubel

スイスフラン

svájci frank

人民元

kínai jüan

ルピー

rúpia

キャッシュポイント

bankautomata

両替所

valutaváltó iroda

金

arany

銀

ezüst

油

olaj

エネルギー

energia

価格

ár

契約

szerződés

税金

adó

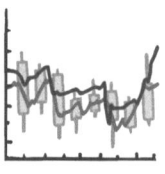

株

részvény

働く

dolgozni

従業員

munkavállaló

雇用主

munkaadó

工場

gyár

ショップ

üzlet

# 職業

## foglalkozások

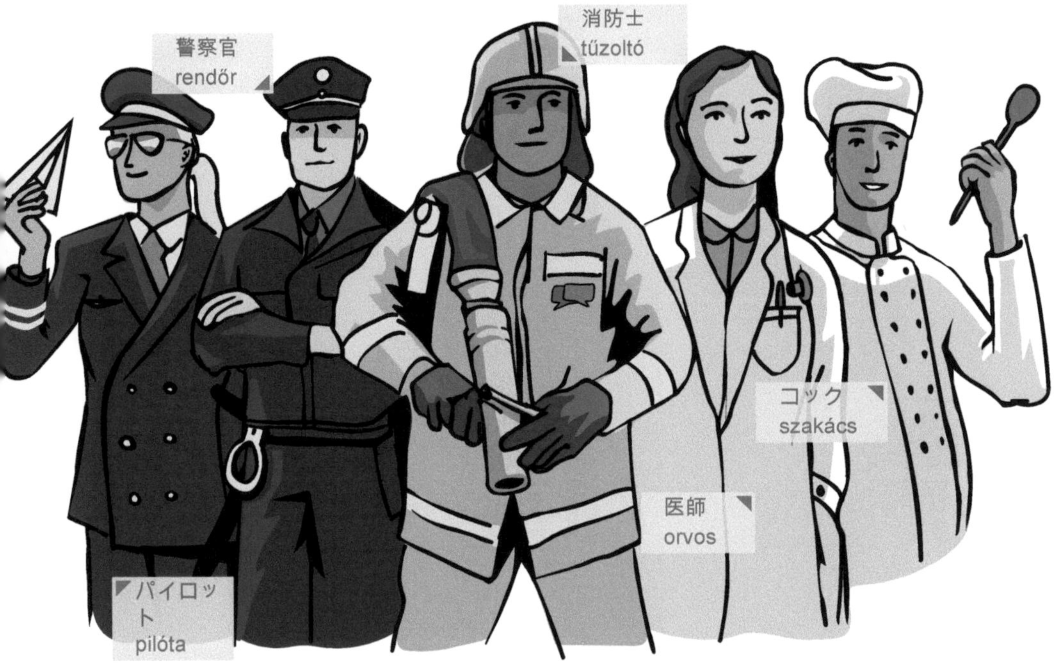

警察官
rendőr
消防士
tűzoltó
パイロット
pilóta
医師
orvos
コック
szakács


庭師

kertész

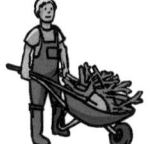

大工

kárpitos

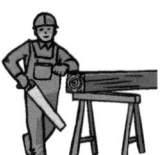

お針子

varrónő

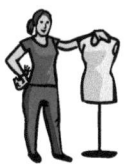

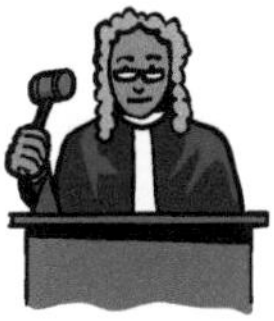

裁判官

bíró

化学者

vegyész

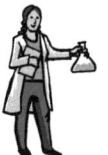

俳優

színész

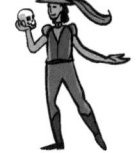

バスの運転手

buszsofőr

タクシー運転手

taxisofőr

漁師

halász

掃除婦

bejárónő

屋根ふき職人

tetőfedő

ウェイター

pincér

ハンター

vadász

塗装工

festő

パン屋

pék

電気工

villanyszerelő

建設作業員

építőmunkás

エンジニア

mérnök

肉屋

hentes

配管工

vízvezeték-szerelő

郵便配達人

postás

軍人

katona

建築家

építész

レジ係

eladó

花屋

virágos

美容師

fodrász

車掌

kalauz

機械工

műszerész

キャプテン

kapitány

歯科医

fogorvos

科学者

tudós

ラビ

rabbi

イスラム導師

imám

修道士

szerzetes

牧師

lelkész

# 道具

## szerszámok

ハンマー
kalapács
くぎ抜き
fogó
ドライバー
csavarhúzó
スパナ
csavarkulcs
懐中電灯
elemlámpa


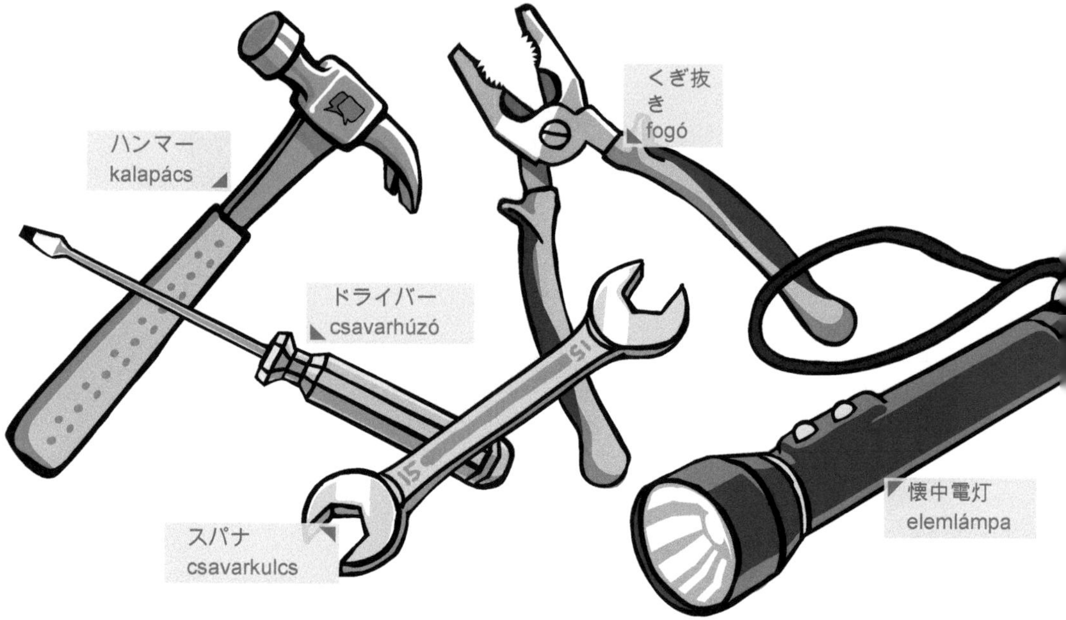

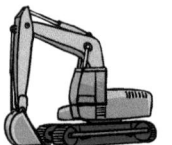

掘削機

markológép

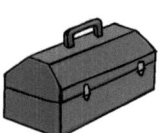

道具箱

szerszámosláda

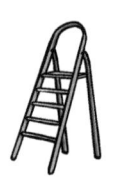

はしご

vödör

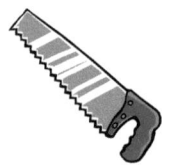

のこぎり

fűrész

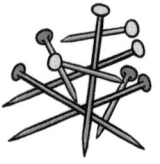

釘

szög

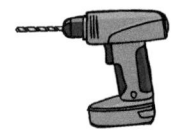

ドリル

fúrógép

修理する

megjavítani

シャベル

lapát

クソ！

A francba!

ちりとり

szemétlapát

ペンキ缶

festékesdoboz

ネジ

csavar

## 楽器
### hangszerek

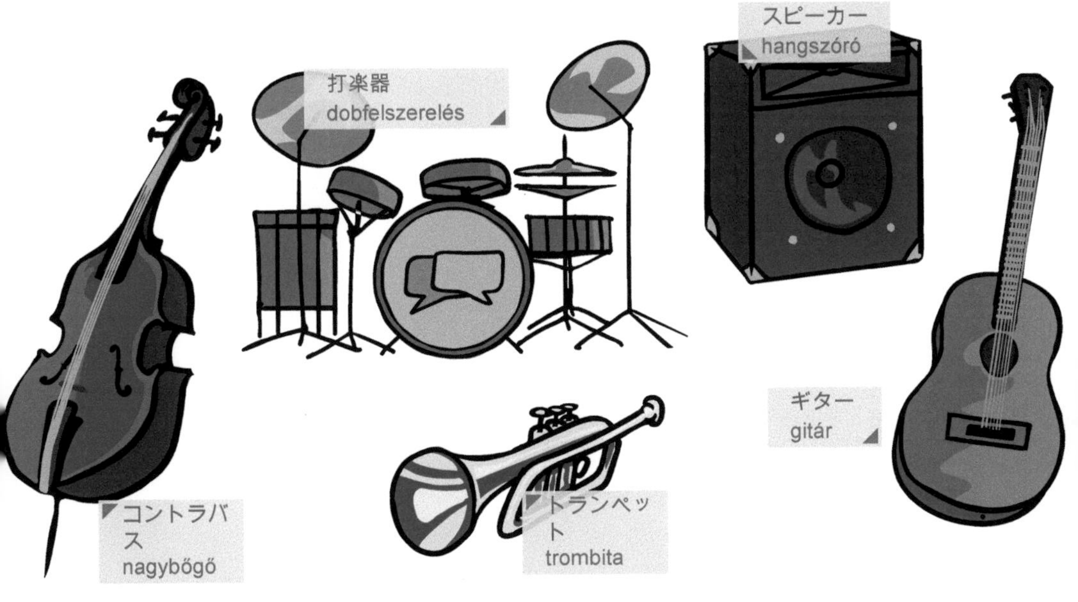

打楽器
dobfelszerelés

スピーカー
hangszóró

コントラバス
nagybőgő

トランペット
trombita

ギター
gitár

**ピアノ**

zongora

**バイオリン**

hegedű

**バス**

basszusgitár

**ティンパニ**

üstdob

**ドラム**

dobok

**キーボード**

digitális zongora

**サックス**

szaxofon

**フルート**

fuvola

**マイクロフォン**

mikrofon

# 動物園

## állatkert

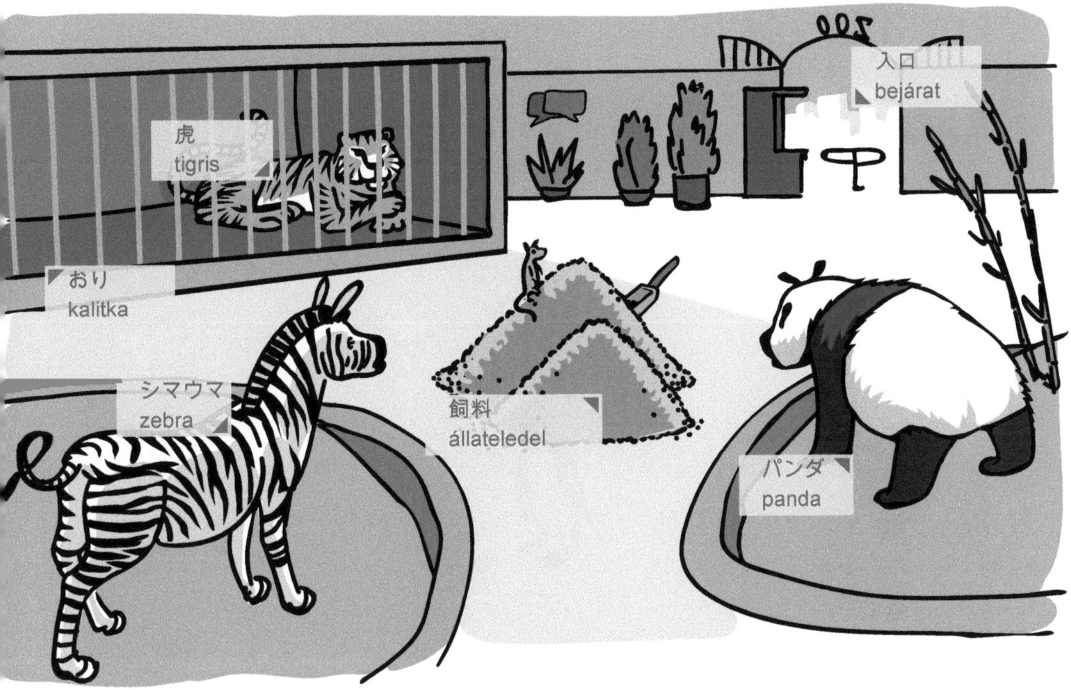

虎
tigris
入口
bejárat
おり
kalitka
シマウマ
zebra
飼料
állateledel
パンダ
panda


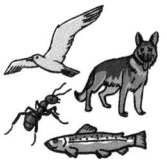

動物

állatok

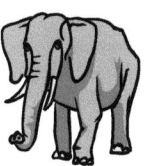

象

elefánt

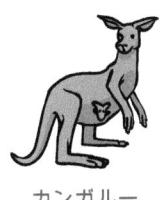

カンガルー

kenguru

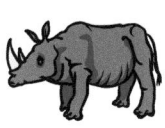

サイ

orrszarvú

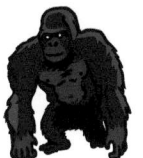

ゴリラ

gorilla

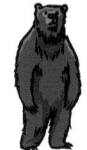

熊

medve

ラクダ

teve

ダチョウ

strucc

ライオン

oroszlán

猿

majom

フラミンゴ

flamingó

オウム

papagáj

白クマ

jegesmedve

ペンギン

pingvin

サメ

cápa

クジャク

páva

蛇

kígyó

ワニ

krokodil

飼育係

állatgondozó

アザラシ

fóka

ジャガー

jaguár

ポニー
póniló

ヒョウ
leopárd

カバ
víziló

キリン
zsiráf

鷲
sas

雄豚
vaddisznó

魚
hal

亀
teknős

セイウチ
rozmár

狐
róka

ガゼル
gazella

アメフト
amerikai futball

サイクリング
kerékpározás

テニス
tenisz

バスケットボール
kosárlabda

水泳
úszás

ボクシング
boksz

アイスホッケー
jégkorong

サッカー
futball

バドミントン
tollas

陸上競技
atlétika

ハンドボール
kézilabda

スキー
síelés

ポロ
lovaspóló

跳ぶ
ugrani

抱きしめる
ölelni

笑う
nevetni

歩く
sétálni

歌う
énekelni

祈る
dicsérni

キス
csókolni

夢見る
álmodni

書く
írni

描く
rajzolni

示す
mutatni

押す
tolni

与える
adni

取る
vinni

持っている
birtokolni

する
csinálni

ある
lenni

立つ
állni

走る
futni

引く
húzni

投げる
hajít

落ちる
esni

横たわっている
hazudni

待つ
várni

運ぶ
vinni

座る
ülni

着る
felvenni

眠る
aludni

目が覚める
felébredni

見る

ránézni

泣く

sírni

なでる

simogat

櫛ですく

fésülni

話す

beszélni

理解する

megérteni

質問する

kérdezni

聞く

hallgatni

飲む

inni

食べる

enni

片づける

takarítani

愛する

szeretni

料理する

főzni

運転する

vezetni

飛ぶ

szállni

ヨットに乗る

vitorlázni

計算する

számol

読む

olvasni

学ぶ

tanulni

働く

dolgozni

結婚する

házasodni

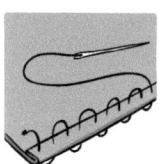

縫う

varrni

歯を磨く

fogat mosni

殺す

ölni

喫煙する

dohányozni

送る

küldeni

祖母
nagymama

祖父
nagypapa

父
apa

母
anya

赤ん坊
kisbaba

娘
lány

息子
fiú

お客様
vendég

おば
nagynéni

おじ
nagybácsi

兄弟
fiútestvér

姉妹
lánytestvér

# 体

# test

ひたい
homlok
目
szem
顔
arc
あご
áll
胸
mell
指
ujj
手
kéz
腕
kar
肩
váll
脚
láb


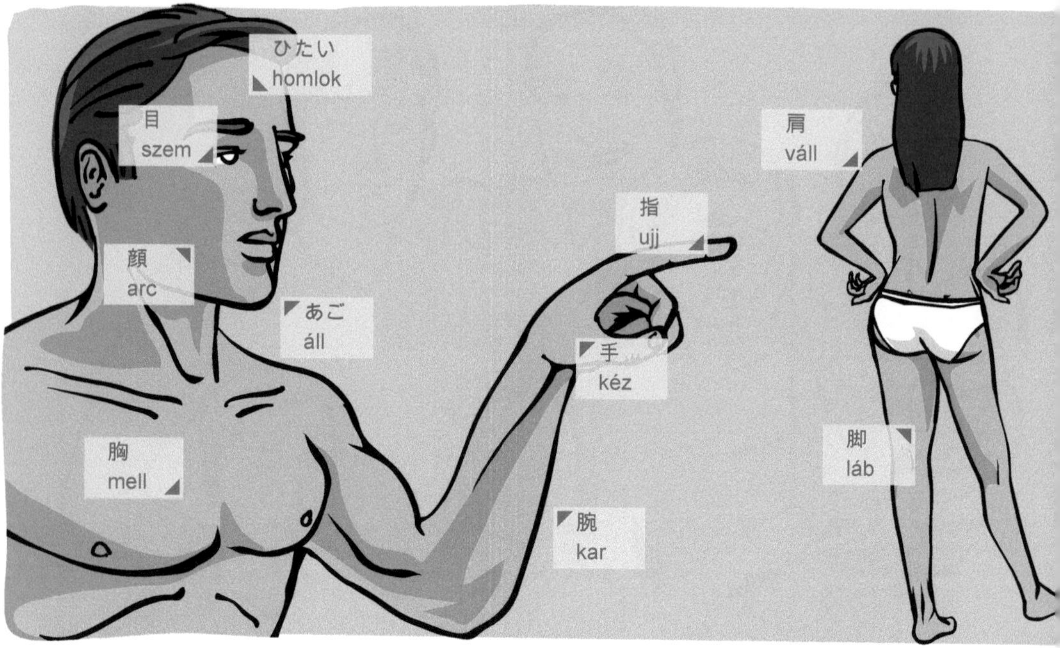

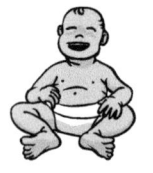

赤ん坊

kisbaba

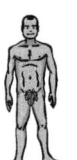

男性

ember

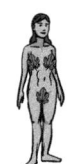

女性

nő

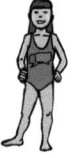

少女

lány

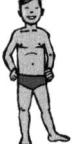

少年

fiú

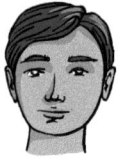

頭

fej

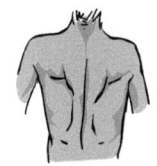

背中

hát

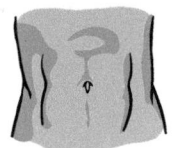

腹

has

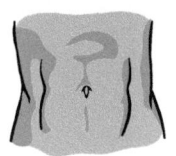

へそ

köldök

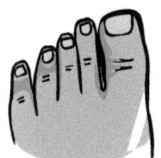

足指

lábujj

かかと

sarok

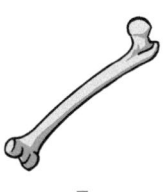

骨

csont

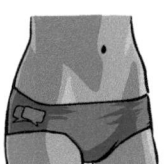

腰

csípő

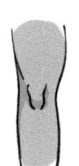

ひざ

térd

ひじ

könyök

鼻

orr

尻

fenék

皮膚

bőr

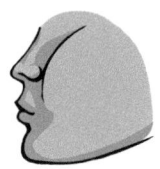

頬

orca

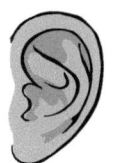

耳

fül

唇

ajak

体 - test

口
száj

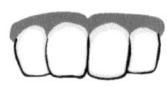

歯
fog

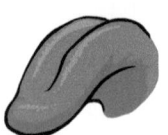

舌
nyelv

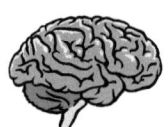

脳
agy

心臓
szív

筋肉
izom

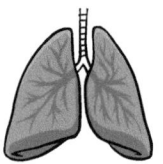

肺
tüdő

肝臓
máj

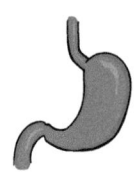

胃
gyomor

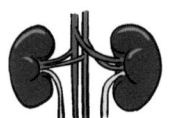

腎臓
vese

セックス
szex

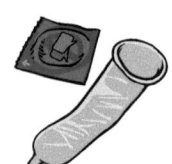

コンドーム
kondom

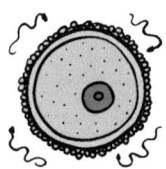

卵細胞
petesejt

精液
sperma

妊娠
terhesség

体 - test

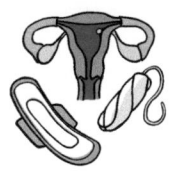

月経

menstruáció

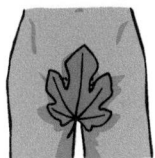

膣

vagina

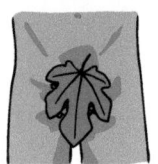

ペニス

pénisz

眉

szemöldök

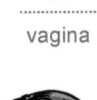

髪

haj

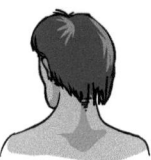

首

nyak

# 病院
# kórház

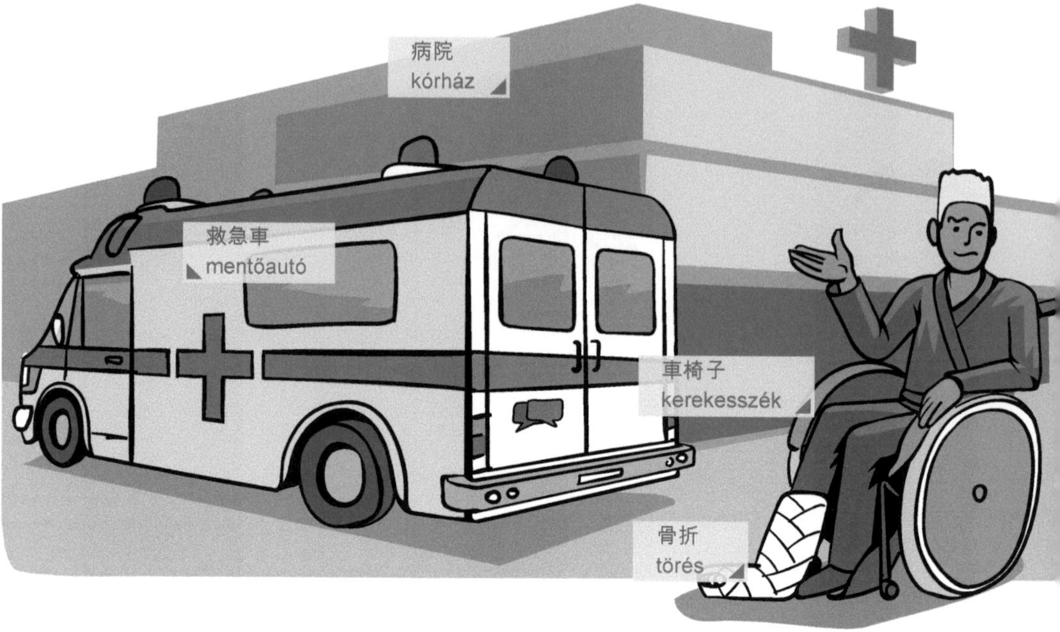

病院
kórház
救急車
mentőautó
車椅子
kerekesszék
骨折
törés


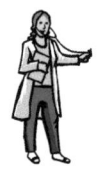

医師
orvos

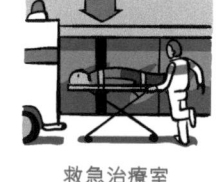

救急治療室
sürgősségi osztály

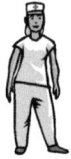

看護師
ápoló

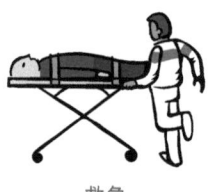

救急
vészhelyzet

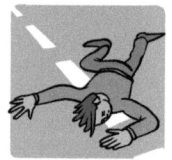

失神
eszméletlen

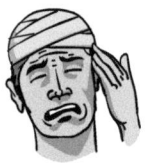

痛み
fájdalom

けが

sérülés

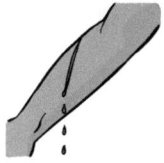

出血

vérzés

心臓発作

szívroham

脳卒中

szélütés

アレルギー

allergia

咳

köhögés

熱

láz

インフルエンザ

influenza

下痢

hasmenés

頭痛

fejfájás

癌

rák

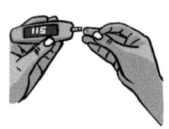

糖尿病

cukorbetegség

外科医

sebész

外科用メス

szike

手術

műtét

CT

CT

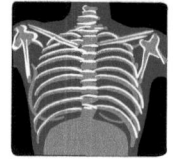

レントゲン

röntgen

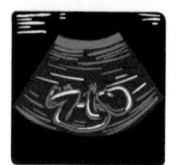

超音波

ultrahang

マスク

arcmaszk

病気

betegség

待合室

váróterem

松葉づえ

mankó

ばんそうこう

sebtapasz

包帯

kötszer

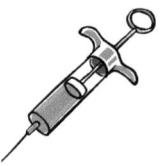

注射

injekció

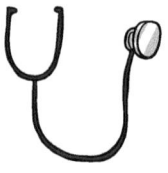

聴診器

sztetoszkóp

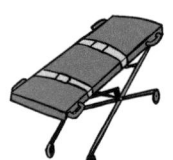

担架

hordágy

体温計

klinikai hőmérő

出産

születés

肥満

túlsúly

補聴器

hallókészülék

消毒剤

fertőtlenítőszer

感染

fertőzés

ウイルス

vírus

HIV / エイズ

HIV/AIDS

内服薬

orvosság

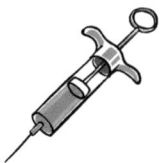

予防接種

oltás

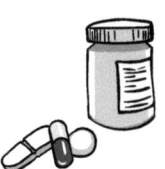

錠剤

tabletták

ピル

tabletta

緊急電話

sürgősségi hívás

血圧計

vérnyomásmérő

病気の / 健康な

betegség / egészség

助けて！

Segítség!

アラーム

riasztás

暴行

rajtaütés

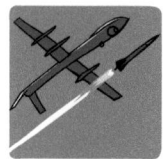

攻撃

támadás

危険

veszély

非常口

vészkijárat

火事だ！

tűz!

消火器

tűzoltókészülék

事故

baleset

救急箱

elsősegélycsomag

SOS

SOS

警察

rendőrség

ヨーロッパ

Európa

北米

Észak-Amerika

南米

Dél-Amerika

アフリカ

Afrika

アジア

Ázsia

オーストラリア

Ausztrália

大西洋

Atlanti-óceán

太平洋

Csendes-óceán

インド洋

Indiai-óceán

南極海

Déli-óceán

北極海

Jeges-tenger

北極

Északi-sark

南極

Déli-sark

南極大陸

Antarktisz

地球

föld

陸

szárazföld

海

tenger

島

sziget

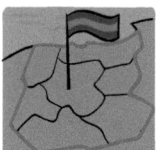

国家

nemzet

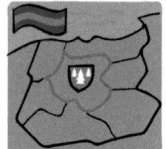

国家

állam

文字盤

számlap

短針

kismutató

長針

nagymutató

秒針

másodpercmutató

何時ですか？

Mennyi az idő?

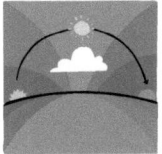

日

nap

時間

idő

現在

most

デジタル時計

digitális óra

分

perc

時間

óra

# 週

## hét

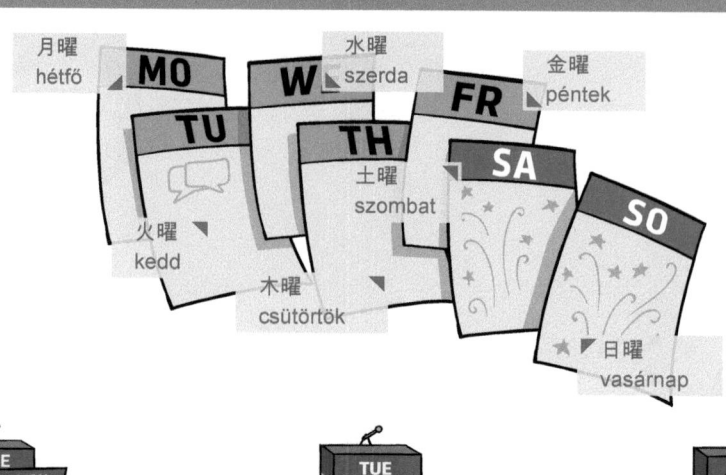

月曜
hétfő

水曜
szerda

金曜
péntek

火曜
kedd

土曜
szombat

木曜
csütörtök

日曜
vasárnap

昨日
tegnap

今日
ma

明日
holnap

朝
reggel

昼
dél

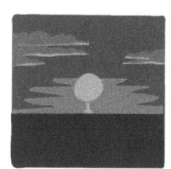

夜
este

| MO | TU | WE | TH | FR | SA | SU |
|----|----|----|----|----|----|----|
| 1 | 2 | 3 | 4 | 5 | 6 | 7 |
| 8 | 9 | 10 | 11 | 12 | 13 | 14 |
| 15 | 16 | 17 | 18 | 19 | 20 | 21 |
| 22 | 23 | 24 | 25 | 26 | 27 | 28 |
| 29 | 30 | 31 | 1 | 2 | 3 | 4 |

営業日
hétköznap

| MO | TU | WE | TH | FR | SA | SU |
|----|----|----|----|----|----|----|
| 1 | 2 | 3 | 4 | 5 | 6 | 7 |
| 8 | 9 | 10 | 11 | 12 | 13 | 14 |
| 15 | 16 | 17 | 18 | 19 | 20 | 21 |
| 22 | 23 | 24 | 25 | 26 | 27 | 28 |
| 29 | 30 | 31 | 1 | 2 | 3 | 4 |

週末
hétvége

雨
▶ eső

虹
szivárvány ▶

風
szél

雪 ▶
hó

春 ▶
tavasz

夏 ▶
nyár

秋
▶ ősz

冬 ▶
tél

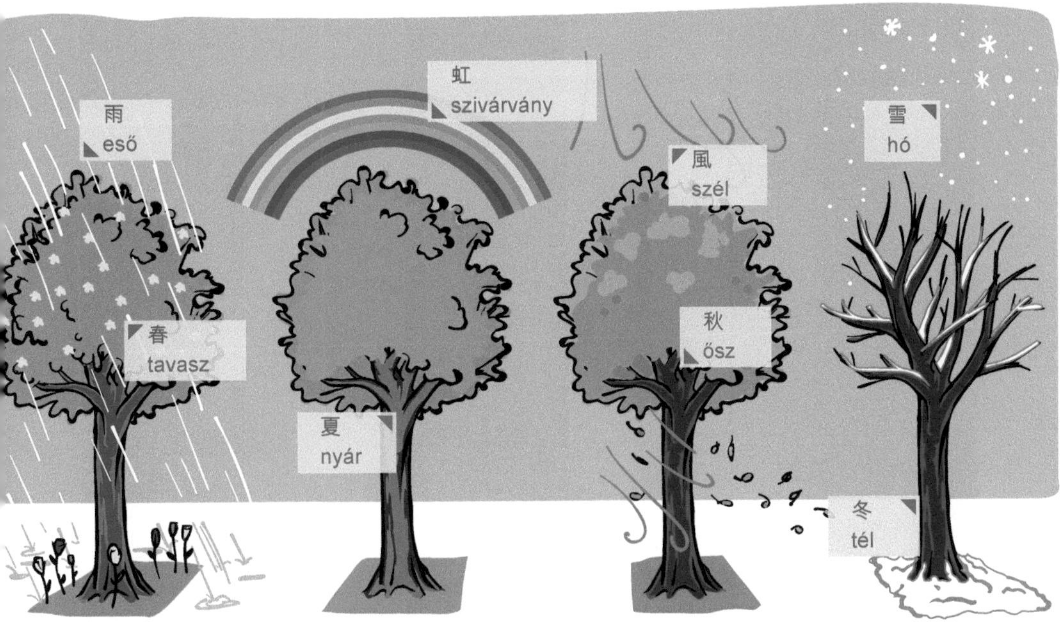

天気予報

időjárás előrejelzés

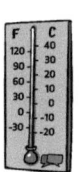

温度計

hőmérő

日差し

napsütés

雲

felhő

霧

köd

湿度

páratartalom

雷

villámlás

雷

mennydörgés

嵐

vihar

ひょう

jégeső

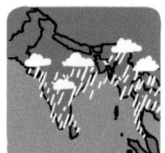

季節風

monszun

洪水

áradás

氷

jég

1月

január

2月

február

3月

március

4月

április

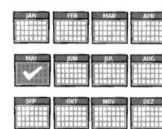

5月

május

6月

június

7月

július

8月

augusztus

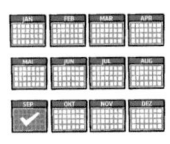

9月
...............
szeptember

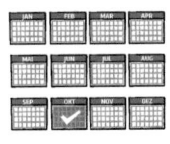

10月
...............
október

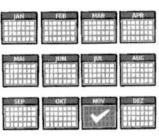

11月
...............
november

12月
...............
december

# alakzatok

円
...............
kör

正方形
...............
négyzet

長方形
...............
téglalap

三角
...............
háromszög

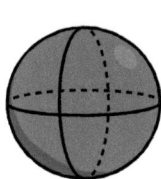

球
...............
gömb

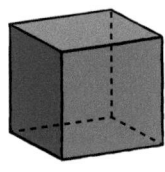

立方体
...............
kocka

# 色

## színek

白
fehér

黄
sárga

オレンジ
narancs

ピンク
rózsaszín

赤
piros

紫
lila

青
kék

緑
zöld

茶
barna

灰色
szürke

黒
fekete

多い　/　少ない

sok / kevés

怒っている /
落ち着いている
mérges / nyugodt

美しい　/　醜い

szép / csúnya

初め　/　終わり

kezdet / vég

大きい　/　小さい

nagy / kicsi

明るい　/　暗い

világos / sötét

兄弟　/　姉妹

fivér / nővér

清潔な / 汚い

tiszta / koszos

完全な　/　不完全な

teljes / nem teljes

日中　/　夜

nappal / éjszaka

死んだ　/　生きている

halott / élő

幅広い　/　狭い

széles / keskeny

食べられる ／
食べられない
ehető / nem ehető

悪意のある ／ 親切な

gonosz / kedves

興奮している ／
退屈じでいる
izgatott / unott

太った ／ 痩せた

kövér / vékony

最初に ／ 最後に

első / utolsó

友人 ／ 敵

barát / ellenség

いっぱいの ／ 空の

teli / üres

硬い ／ 柔らかい

kemény / puha

重い ／ 軽い

nehéz / könnyű

空腹 ／ 喉の渇き

éhség / szomjúság

病気の ／ 健康な

betegség / egészség

違法な ／ 合法な

illegális / legális

賢い ／ 愚かな

intelligens / buta

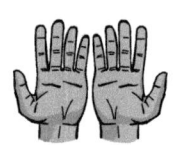

左に ／ 右に

bal / jobb

近い ／ 遠い

közel / távol

新しい / 中古の

új / használt

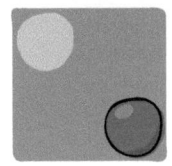

何もない / 何かある

semmi / valami

老いた / 若い

idős / fiatal

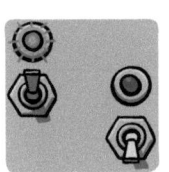

オン / オフ

be / ki

開いている /
閉まっている
nyitva / zárva

静かな / うるさい

csendes / hangos

裕福な / 貧乏な

gazdag / szegény

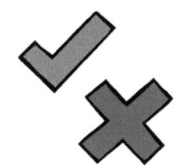

正しい / 間違っている

helyes / helytelen

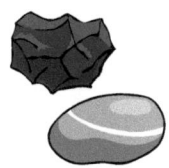

粗い / なめらか

érdes / sima

悲しい / 幸せな

szomorú / vidám

短い / 長い

rövid / hosszú

ゆっくり / 速い

lassú / gyors

濡れた / 乾いた

nedves / száraz

温かい / 冷たい

meleg / hideg

戦争 / 平和

háború / béke

反対 - ellentétek

| **0** | **1** | **2** |
|:---:|:---:|:---:|
| ゼロ | 1 | 2 |
| nulla | egy | kettő |

| **3** | **4** | **5** |
|:---:|:---:|:---:|
| 3 | 4 | 5 |
| három | négy | öt |

| **6** | **7** | **8** |
|:---:|:---:|:---:|
| 6 | 7 | 8 |
| hat | hét | nyolc |

| **9** | **10** | **11** |
|:---:|:---:|:---:|
| 9 | 10 | 11 |
| kilenc | tíz | tizenegy |

**12**

12
tizenkettő

**13**

13
tizenhárom

**14**

14
tizennégy

**15**

15
tizenöt

**16**

16
tizenhat

**17**

17
tizenhét

**18**

18
tizennyolc

**19**

19
tizenkilenc

**20**

20
húsz

**100**

100
száz

**1.000**

1000
ezer

**1.000.000**

100万
millió

英語
angol

アメリカ英語
amerikai angol

中国標準語
mandarin kínai

ヒンディー語
hindi

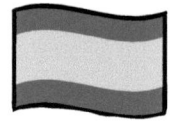

スペイン語
spanyol

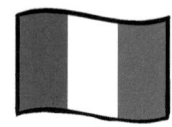

フランス語
francia

アラビア語
arab

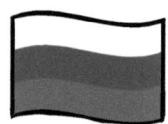

ロシア語
orosz

ポルトガル語
portugál

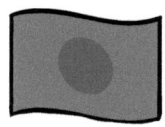

ベンガル語
bengáli

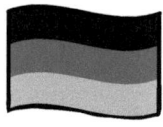

ドイツ語
német

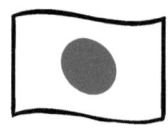

日本語
japán

私

én

あなた

te

彼 / 彼女 / それ

ő

私たち

mi

あなたたち

ti

彼ら

ők

誰？

ki?

何？

mi?

どうやって？

hogyan?

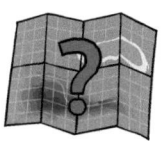

どこ？

hol?

いつ？

mikor?

名前

név

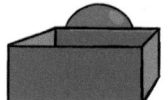

後ろ

mögött

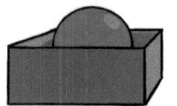

中

benne

前

előtte

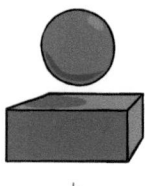

上

felette

上

rajta

下

alatta

横

mellett

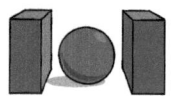

間

között

場所

hely